UNWIDERSTEHLICHE
SNACKS

KÖNEMANN

Snacks

Bei diesen Rezepten wurden Eile und Bequemlichkeit bedacht. Es sind kleine, leckere Imbisse, die sich hervorragend als Zwischenmahlzeit eignen und schnell zubereitet sind. Viele Rezepte lassen sich auch für eine Party verwenden, man muß einfach nur die Menge verdoppeln.

Scharfer Tomaten-Dip mit geröstetem Pitabrot

Vorbereitungszeit: 15 Min.
Gesamtkochzeit: 10 Min.
Ergibt 2 Teller

2 EL Öl
1 Zwiebel, gehackt
2 Knoblauchzehen, zerdrückt
2 kleine rote Chillies, gehackt
1 Dose Tomaten, 425 g, zerkleinert
2 Pimientos, gehackt
2 EL Zitronensaft
3 EL Petersilie, gehackt
3 Pitabrötchen
3 EL saure Sahne

1. Backofen auf 180 °C vorheizen. Öl in einem mittelgroßen Topf erhitzen, Zwiebeln, Knoblauch und Chillies hinzugeben. Bei mittlerer Hitze 2 Min. rühren, bis die Zwiebeln gar sind.
2. Tomaten, Pimientos und Zitronensaft hinzugeben, zum Kochen bringen. Hitze reduzieren und im offenen Topf 5 Min. köcheln und eindicken lassen. Petersilie hineinrühren.
3. Pitabrötchen halbieren, jede Hälfte in 8 Dreiecke schneiden. Nebeneinander auf das Backblech legen. 10 Min. backen lassen, bis sie braun und knusprig sind.
4. Den Dip in eine Schale geben, saure Sahne daraufgeben. Mit dem gerösteten Pitabrot kalt oder heiß servieren.

Hinweis: Pimientos sind gekaufte Paprikaschoten aus der Dose. Um sie selber zu machen, müssen Sie die Paprikaschoten bis zum Schwarzwerden grillen, abkühlen lassen und dann die Haut abpellen.

Scharfer Tomatendip mit geröstetem Pitabrot.

Teuflische Hühnerflügel

Vorbereitungszeit:
5 Min.
Gesamtkochzeit:
45 Min.
4 Portionen

4 ELTomatensauce
2 EL französischer Senf
1 EL Worcestershiresauce
2 EL getrocknete Oregano-blätter
1 Zwiebel, gehackt
2 Knoblauchzehen, zerdrückt
12 Hühnerflügel

1. Backofen mäßig heiß auf 210 °C (= 190 °C Gas) vorheizen.Tomatensauce, Senf, Worcestershiresauce, Oregano, Zwiebel und Knoblauch in einer großen Bratschale mischen. Die Hühnerflügel hinzugeben, vermischen, bis sie gut bedeckt sind.
2. 45 Min. braten, bis das Fleisch goldbraun ist. Das Fleisch beim Braten ab und zu wenden und mit der Mischung bestreichen.

Variation: Sie können dieses Rezept auch mit Hühnerschenkeln ausprobieren. Verlängern Sie dann aber die Bratzeit.

Knusprige Samosas

Vorbereitungszeit:
20 Min.
Gesamtkochzeit:
4 Min. je Portion
Ergibt 16 Stück

2 Scheiben Fertig-Blätterteig
Öl zum Fritieren

Füllung
200 g Schweine- und Kalbhackfleisch
1 mittelgroße Möhre, fein geraspelt
4 EL Tiefkühlerbsen, aufgetaut
2 Knoblauchzehen, zerdrückt
2 TL Currypulver
2 EL Tamarindensauce

1. Jede Blätterteigscheibe in 4 Vierecke, dann jedes Viereck in 2 Dreiecke schneiden.
2. Für die Füllung: In einer kleinen Schale Hackfleisch, Möhre, Erbsen, Knoblauch, Currypulver und Tamarindesauce mischen.
3. Die Füllung gleichmäßig über die Dreiecke verteilen. Die Ränder der Dreiecke mit etwas Wasser bestreichen. Den Blätterteig zusammenfalten und so kleine Dreiecke formen. Die Ränder aufeinanderdrücken und verschließen.
4. Öl in einem Topf mit dickem Boden erhitzen. Vorsichtig eine kleine Portion Samosas in das mäßig heiße Öl geben. Bei mittlerer Hitze in 4 Min. goldbraun und knusprig fritieren. Vorsichtig mit Schaumkelle aus dem Öl nehmen. Auf Küchenpapier abtropfen lassen, warm stellen. Vorgang mit den übrigen Samosas wiederholen. Mit einer Schale Chutney servieren.

Hinweis: Das Öl muß so tief sein, daß die Samosas darin schwimmen können.

Teuflische Hühnerflügel (oben) und Knusprige Samosas.

Tip:
Tamarindensauce hat einen essigartigen Geschmack. Wenn Sie sie nicht im Supermarkt finden können, versuchen Sie es in einem asiatischen Lebensmittelgeschäft. Tamarindenbrot in Plastikverpackung kann in heißem Wasser aufgelöst und gesiebt werden. Zitronensaft ist ein guter Ersatz.

Sesamgarnelen mit scharfem Pfefferminz-Chutney

Vorbereitungszeit:
20 Min.
Gesamte Kochzeit:
2 Min. pro Portion
4 Portionen

1 kg (etwa 24) ungekochte große Garnelen
40 g Mehl
1 verquirltes Ei
5 EL Brotkrumen
4 EL Sesamsamen
Öl zum Fritieren

Scharfes Pfefferminz-Chutney
1 Tasse frische Pfefferminzblätter, fest gepackt
6 EL Frucht-Chutney
2 EL Zitronensaft

1. Die Garnelen schälen, die Schwänze heil lassen. Garnelen putzen, leicht flach drücken.
2. Garnelen in Mehl wenden, Überschuß abschütteln. Garnelen in verquirltes Ei tauchen und mit vermischten Brotkrumen und Sesamsamen panieren.
3. Öl in tiefem Topf mit schwerem Boden erhitzen. Garnelen vorsichtig in das mäßig heiße Öl geben. Bei mittlerer Hitze etwa 2 Min. goldbraun fritieren. Vorsichtig mit Schaumkelle herausnehmen. Auf Küchenpapier abtropfen lassen.
4. Für das scharfe Pfefferminz-Chutney: Pfefferminz, Chutney und Zitronensaft in einem Mixer oder einer Küchenmaschine mixen. 15 Sek. glattrühren. Als Dipsauce zu den Garnelen servieren.

Sesamgarnelen mit scharfem Pfefferminz-Chutney.

Garnelen schälen und putzen, die Schwänze ganz lassen. Leicht flachdrücken.

Garnelen in verquirltes Ei tauchen, mit Brotkrumen und Sesamkörnern bedecken.

Garnelen in heißem Öl in 2 Min. goldbraun fritieren.

Für das Chutney Pfefferminz, Chutney und Zitronensaft im Mixer zerkleinern.

Rindfleisch-Saté-Spieße mit schneller Erdnußsauce

Vorbereitungszeit:
15 Min.
Gesamtkochzeit:
12 Min.
Ergibt 4 Portionen

500 g Beefsteak
1 EL Öl
1 EL Honig
1 EL Sojasauce

Schnelle Erdnußsauce
110 g Erdnußbutter
1 EL Sojasauce
125 ml Wasser
2 TL süße Chilisauce

1. Vom Fleisch überflüssiges Fett und Sehnen entfernen, in dünne Streifen schneiden. Das Fleisch auf 8 kurze Bambusspieße stecken. Öl, Honig und Sojasauce in einer kleinen Schüssel mischen.
2. Fleisch auf ein leicht eingefettetes Backblech legen, mit der Ölmischung bestreichen. Bei mittlerer Hitze 12 Min. braten, gelegentlich mit Öl bestreichen. Mit der Erdnußsauce heiß servieren.
3. Für die schnelle Erdnußsauce: Erdnußbutter, Sojasauce, Wasser und Chilisauce in kleinen Topf geben. Bei mittlerer Hitze glattrühren.

Feta-Dreiecke

Vorbereitungszeit:
20 Min.
Gesamtkochzeit:
25 Min.
Ergibt 8 Portionen

2 TL Öl
1 kleine Zwiebel, gehackt
6 (300 g) Rübenblätter
4 EL geriebener Cheddarkäse
140 g Fetakäse, zerkrümelt
1 Ei, verquirlt
2 Scheiben Fertig-Blätterteig
1 verquirltes Ei, zusätzlich

1. Den Backherd auf 210 °C (190 °C Gas) vorheizen. Backbleche mit geschmolzener Butter oder Öl einfetten. Das Öl in einem tiefen Topf mit schwerem Boden erhitzen. Zwiebeln hinzufügen und bei mittlerer Hitze 3 Min. weichbraten. In eine große Rührschüssel geben. Die Rübenblätter waschen und zerrupfen. In den Topf geben, zudecken und in 30 Sek. weich kochen. Dies in 2 Phasen tun, den Topf oft schütteln und die Blätter mit einer Küchenzange heben, um sie nicht anbrennen zu lassen. Beiseite stellen und erkalten lassen.
2. Eine Handvoll weicher Blätter gut zusammendrücken, damit möglichst viel Flüssigkeit herausläuft. Hacken und mit dem Käse in die Schüssel geben, gut vermengen. Ei in die Mischung geben, gut vermischen.
3. Jede Blätterteigscheibe in vier Vierecke schneiden. Die Mischung über die Vierecke verteilen, zu Dreiecken zusammenfalten. Mit dem zusätzlich verquirlten Ei bestreichen und auf die Backbleche legen. In 20 Min. goldbraun backen.

Tip:
Bambusspieße erst 30 Min. in Wasser einweichen. Dadurch verbrennen sie nicht.

Rindfleisch-Saté-Spieße mit schneller Erdnußsauce (oben) und Feta-Dreiecke.

Frühlingsrollen

Vorbereitungszeit:
25 Min.
Gesamtkochzeit:
10 Min.
8 Portionen

1 EL Öl
200 g Schweinehackfleisch
2 kleine Möhren, grob geraspelt
2 Frühlingszwiebeln, gehackt
60 g chinesischer Kohl, fein geschnippelt
60 g Sojasprossen, grob gehackt
1 große rote Paprika, in kurzen dünnen Streifen
2 Knoblauchzehen, zerdrückt
1 TL geraspelter frischer Ingwer
8 Frühlingsrollen-Teigblätter
Öl zum Fritieren
Sojasauce zum Servieren

1. Öl in einem Topf mit dickem Boden erhitzen, das Schweinehackfleisch hinzugeben. Bei mittlerer Hitze 5 Min. braten, bis das Hackfleisch braun und beinahe alle Flüssigkeit verdampft ist. Hackfleisch mit einem Schaumlöffel herausnehmen, beiseite stellen und erkalten lassen.
2. Gemüse, Knoblauch und Ingwer in eine Rührschüssel geben, mit den Händen gut vermischen. In den Fritiertopf geben und in 2 Min. weich fritieren. Gemüse und Hackfleisch in einer großer Schüssel gut vermischen.
3. Nacheinander die Teigblätter für die Frühlingsrollen diagonal auf die Arbeitsfläche lagen. Etwa 4 EL der Mischung quer auf die vordere Hälfte des Teigblatts geben, die Ihnen nächste Ecke über die Füllung falten. Die Seiten einschlagen und aufrollen. Die Ecken mit Wasser befeuchten und gut schließen. Vorgang mit der restlichen Füllung und den Teigblätter wiederholen.
4. Öl in einem Topf mit mittelschwerem Boden erhitzen. Vorsichtig die Frühlingsrollen in das Öl geben. Bei mittlerer Hitze in 1–2 Min. goldbraun und knusprig fritieren. Nur eine oder zwei zugleich fritieren. Vorsichtig mit Schaumkelle herausnehmen. Auf Küchenpapier abtropfen lassen. Die Frühlingsrollen heiß, mit Sojasauce zum Stippen servieren.

Tip:
Sie können Frühlingsrollenwickel in asiatischen Lebensmittelgeschäften bekommen. Wenn Sie nicht die ganze Packung brauchen, kann der Rest eingefroren werden. Sind sie einmal aufgetaut, dann im Kühlschrank bewahren.

Frühlingsrollen.

Wenn das Hackfleisch braun ist, mit der Schaumkelle aus dem Topf nehmen.

Mit den Händen Gemüse, Knoblauch und Ingwer gut vermischen.

Seiten der Teigblätter gut einschlagen und aufrollen.

Die Frühlingsrollen vorsichtig in das heiße Öl geben, nur eine oder zwei gleichzeitig.

Käse-Maismehl-Muffins

Vorbereitungszeit: 10 Min.
Gesamtkochzeit: 20 Min.
Ergibt 12 Stück

100 g Mehl mit Backpulver
1 Prise Salz
70 g Maismehl, (feine Polenta)
6 EL geriebener würziger Käse
30 g Maiskörner aus der Dose
2 verquirlte Eier
5 EL Milch
4 EL Öl

1. Backherd mäßig heiß auf 180 °C vorheizen. 8 Muffinformen (1/3 der Kapazität) mit geschmolzener Butter oder Öl einfetten.
2. Gesiebtes Mehl und Salz in eine große Rührschüssel geben. Maismehl, Käse und Maiskörner hinzugeben, in der Mitte eine Mulde machen. Die Mischung aus Eiern, Milch und Öl auf die trockenen Zutaten geben.
3. Mit einem Holzlöffel die Zutaten gut vermischen. Nicht zuviel rühren. Mischung in die vorbereiteten Formen geben. 20 Min. backen, bis sie aufgegangen und goldfarben sind. Sofort aus den Formen nehmen und warm servieren.

Mini-Maismehl-Würstchen

Vorbereitungszeit: 10 Min.
Gesamtkochzeit: 1 Min. pro Portion

Käse-Maismehl-Muffins (oben) und Mini-Maismehl-Würstchen.

Ergibt 16 Stück

8 Frankfurter Würstchen
8 Satéspieße
Maismehl zum Bestäuben
Öl zum Fritieren
Tomatensauce zum Dippen

Teig
280 g Mehl mit Backpulver
1 verquirltes Ei
1 EL Öl
375 ml Wasser

1. Die Frankfurter durchschneiden. Die Satéspieße durchschneiden. Einen Spieß in jede Frankfurter stecken. Die Frankfurter mit etwas Maismehl bestäuben.
2. Für den Teig: Das Mehl in eine mittelgroße Rührschüssel sieben, eine Mulde in die Mitte drücken. Nach und nach das verquirlte Ei mit Öl und Wasser hineingeben. Rühren, bis alle Flüssigkeit aufgenommen und der Teig ohne Klumpen ist.
3. Das Öl mäßig heiß in einem Topf mit schwerem Boden erhitzen. Mehrere Satéspieße zugleich mit den Frankfurtern in den Teig tauchen, den überschüssigen Teig abtropfen lassen. Mit einer Küchenzange oder Schaumkelle die Frankfurter vorsichtig in das heiße Öl gleiten lassen. Bei mittlerer Hitze 1 Min. fritieren, bis sie goldbraun und knusprig sind. Vorsichtig aus dem Öl nehmen. Auf Küchenpapier abtropfen lassen, warm stellen. Dasselbe mit den übrigen Frankfurter wiederholen. Mit Tomatensauce zum Stippen servieren.

Hinweis: Die Satéspieße bleiben beim Fritieren in den Frankfurtern stecken.

Tip:
Für mehr Geschmack geben Sie 1 TL frische Chillies (erhältlich im Glas) oder eine Prise Chilipulver in den Teig.

Fritiertes Gemüse

Vorbereitungszeit:
30 Min.
Gesamtkochzeit:
3 Min. je Portion
Für 4–6 Personen

140 g Mehl
1 Ei
250 ml Wasser
100 g Broccoli
1 kleine Zwiebel
1 kleine Möhre
1 kleine rote Paprika
Öl zum Fritieren

1. Mehl in eine große Rührschüssel sieben. In die Mitte eine Mulde drücken, Ei und Wasser hinzufügen und verrühren. Mit Folie bedecken und 10 Min. in den Kühlschrank stellen.
2. Broccoli in kleine Röschen schneiden. Die Zwiebel in feine Scheiben schneiden, Paprika und Möhre in dünne Streifen von ca. 6 cm schneiden. Das Gemüse in den Teig geben und verrühren.
3. Öl in einem mittelgroßen Topf mit schwerem Boden erhitzen. Mit der Küchenzange 2 oder 3 bedeckte Gemüsestücke in das heiße Öl tauchen. Einige Sek. eingetaucht halten, bis der Teig fest wird und das Gemüse zusammenhält. Dann die Zange lösen und die Gemüsestücke goldbraun und knusprig fritieren. Auf Küchenpapier abtropfen lassen und mit süßer Chili- oder Sojasauce servieren.

Fritierter Lachs

Vorbereitungszeit:
20 Min.
Gesamtkochzeit:
6 Min.
Für 4 Personen

415 g rosa Lachs aus der Dose
1 mittelgroße Kartoffel
1 Frühlingszwiebel, gehackt
1 EL Brotkrumen
1 Ei, verquirlt
2 EL Öl

Schneller Tomatensalsa
1 mittelgroße Tomate, gehackt
1 Frühlingszwiebel, gehackt
1 Knoblauchzehe, zerdrückt
2 EL gehackte Petersilie
1 TL Rotweinessig

1. Lachs trockentupfen und in große Rührschüssel geben. Kartoffel raspeln, Feuchtigkeit herausdrücken und zu dem Lachs geben. Frühlingszwiebel, Brotkrumen und Ei hinzufügen und gut vermischen.
2. Mischung in 8 Portionen teilen und zu Küchlein von etwa 7 cm Durchmesser formen. Öl in Pfanne erhitzen und bei mittlerer Hitze auf beiden Seiten etwa 3 Min. goldbraun braten. Mit Tomatensalsa servieren.
3. Für den Tomatensalsa: Tomate, Frühlingszwiebel, Knoblauch, Petersilie und Weinessig in eine mittelgroße Schale geben und gut vermischen.

Tip:
Um Zeit zu sparen kann man auch fertigen Tomatensalsa in Flaschen kaufen. Salsa findet man in der Delikatessen-Abteilung der Supermärkte, es gibt ihn mild, mittel und scharf.

Fritiertes Gemüse (oben) und Fritierter Lachs.

Maiskartoffel-Fritten

Vorbereitungszeit:
15 Min.
Gesamtkochzeit:
4 Min. je Portion
Ergibt etwa 20 Stück

2 große Kartoffeln, geschält und gerieben
260 g Maiskörner aus der Dose, abgetropft
4 verquirlte Eier
1/2 Tasse getrocknete Brotkrumen
6 Frühlingszwiebeln, gehackt
1 TL Garam Masala
4 EL Öl

Dip
8 EL einfacher Joghurt
2 EL frischgehackte Pfefferminze
2 TL süße Chilisauce

1. Die geriebenen Kartoffeln auf Küchenpapier abtropfen lassen und die Feuchtigkeit herausdrücken.
2. Kartoffeln in mittelgroßer Schüssel mit Maiskörnern, Eiern, Brotkrumen, Frühlingszwiebeln und Garam Masala gut vermischen.
3. 2 EL Öl in einem Topf mit schwerem Boden erhitzen. Einen EL der Mischung in den Topf geben, bei mittlerer Hitze 2 Min. auf jeder Seite braun braten. Auf Küchenpapier abtropfen lassen, warm stellen. Dies mit der restlichen Mischung wiederholen, mehr Öl hinzugeben, falls notwendig.
4. Für den Dip: Alle Zutaten gut vermischen. Mit Kartoffelfritten servieren.

Variation: Anstelle der Maiskörnern aus der Dose können Sie tiefgekühlte verwenden.

Knusprige Linsenklößchen mit Käse und Curry

Vorbereitungszeit:
15 Min.
Gesamtkochzeit:
1 Min. pro Portion
Ergibt etwa 30 Stück

1 Tasse rote Linsen
4 Frühlingszwiebeln, gehackt
2 Knoblauchzehen, zerdrückt
1 TL gemahlener Kümmel
1 Tasse frische Brotkrumen
100 g geriebener Cheddarkäse
1 große Zucchini, geraspelt
140 g Maismehl, (Polenta)
Öl zum Fritieren

1. Linsen in einen mittelgroßen Topf geben, mit Wasser bedecken. Zum Kochen bringen, die Hitze reduzieren, bedecken und 10 Min. köcheln lassen, bis die Linsen gar sind. Abtropfen lassen, unter kaltem Wasser abspühlen.
2. Die Hälfte der Linsen in einer Küchenmaschine mit den Frühlingszwiebeln und dem Knoblauch vermischen. In 5 Sek. zermahlen. In eine große Schüssel geben, die restlichen Linsen, Brotkrumen, Kümmel, Käse und Zucchini hinzugeben, und verrühren.
3. Öl in einem Topf mit schwerem Boden erhitzen. Vorsichtig kleine Portionen der Mischung in das mäßig heiße Öl gleiten lassen. Bei mittlerer Hitze 1 Min. fritieren, bis sie golden und knusprig sind. Mit einer Küchenzange oder Schaumkelle aus dem Öl nehmen und auf dem Küchenpapier abtropfen lassen. Dies mit der restlichen Mischung wiederholen. Heiß servieren.

Hinweis: Diese Klößchen schmecken besonders köstlich mit Chutney oder Joghurt als Dip.

Maiskartoffel-Fritten (oben) und Knusprige Linsenklößchen mit Käse.

Fritierte Tintenfischringe mit Remouladensauce

Vorbereitungszeit:
20 Min.
Gesamtkochzeit:
1 Min. pro Portion
Für 4 Personen

500 g (etwa 8) kleine Tintenfischarme, gesäubert
2 EL Maismehl
2 verquirlte Eier
2 Knoblauchzehen, zerdrückt
2 TL geriebene Zitronenschale
1 Tasse getrocknete Brotkrumen
Öl zum Fritieren

Remouladensauce
1 Tasse Mayonnaise
2 EL gehackter Schnittlauch
2 EL eingelegte Zwiebeln
1 EL Senf

1. Den Tintenfisch in dünne Ringe schneiden, in Mehl wenden, das überschüssige Mehl abschütteln. In die Mischung aus Ei, Knoblauch und Zitronenschale tauchen. Mit Bröseln bedecken, Rest abschütteln.
2. Öl in einem Topf mit schwerem Boden erhitzen. Vorsichtig kleine Portionen Tintenfischringe in das mäßig heiße Öl gleiten lassen. Bei mittlerer Hitze 1 Min. hellbraun und gar fritieren. Vorsichtig mit einer Schaumkelle aus dem Öl nehmen. Auf Küchenpapier abtropfen lassen, heiß halten. Dasselbe mit den restlichen Tintenfischringen wiederholen.
3. Für die Remouladensauce:
Mayonnaise, Schnittlauch, eingelegte Zwiebeln und Senf gut vermischen und als Dip servieren.

Gemüsepasteten mit Sahnepesto

Vorbereitungszeit:
15 Min.
Gesamtkochzeit:
8 Min.
Für 4 Personen

Sahnepesto
1/2 Tasse fest gepackte frische Basilikumblätter
125 ml Sahne
2 EL geriebener Parmesankäse
1–2 EL Öl
1 Knoblauchzehe, zerdrückt

Gemüsefüllung
2 EL Öl
1 kleine Zwiebel, geachtelt
125 g Kirschtomaten, halbiert
125 g Champignons, geschnitten
1/2 Avocado, geschält und gehackt
1 EL Balsamessig
4 x 10 cm gekaufte Blätterteigpasteten

1. Den Backherd auf 180 °C vorheizen.
Für die Sahnepesto:
Basilikum, Sahne, Käse, Öl und Knoblauch in die Küchenmaschine geben. In 20 Sek. pürieren, bis die Mischung glatt und sahnig ist. In eine kleine Schale geben und mit Folie bedecken.
2. Für die Gemüsefüllung:
Öl in einem mittelgroßen Topf erhitzen, Zwiebel hinzugeben. Bei mittlerer Hitze 1 Min. braten, bis die Zwiebel weich ist. Kirschtomaten und Pilze hinzugeben, noch 1 Min. gar braten. Gehackte Avocado und Essig hinzugeben, vom Herd nehmen.
3. Pasteten auf ein Backblech legen und 5 Min. backen, bis sie heiß sind. Jede Pastete mit der Gemüsemischung füllen, und etwas Pesto obendrauf geben. Sofort servieren.

Fritierte Tintenfischringe mit Remouladensauce (oben) und Gemüsepasteten mit Sahnepesto.

Lammkebab mit Mango-Relish

Vorbereitungszeit: 15 Min.
Gesamtkochzeit: 10–15 Min.
Für 4 Personen

500 g Lammfleisch ohne Knochen
4 Frühlingszwiebeln
5 EL Hoisinsauce

Mango-Relish
1 EL Öl
1 Zwiebel, gehackt
2 kleine rote Chillies
1 große Mango, geschält, gehackt
2 EL Weißweinessig
2 EL Zucker

1. Vom Fleisch überschüssiges Fett und Sehnen entfernen. In Würfel von 3 cm schneiden. Frühlingszwiebeln in Stücke von 3 cm schneiden. Fleisch und Frühlingszwiebeln abwechselnd auf die Bambusspieße stecken. (Spieße 15 Min. vor dem Gebrauch einweichen.)
2. Kebabs auf ein kaltes, leicht eingeöltes Backblech legen. Mit Hoisinsauce bestreichen. Die Kebabs bei großer Hitze in 4 Min. auf allen Seiten gar braten, und gelegentlich mit der Hoisinsauce bestreichen.
3. Für den Mango-Relish: Öl in einem mittelgroßen Topf erhitzen, Zwiebeln und Chillies hinzufügen, bei mittlerer Hitze 2 Min. unter Rühren garkochen. Mango, Essig und Zucker hinzufügen, und zum Kochen bringen. Hitze ganz reduzieren, im offenen Topf 5 Min. bei schwacher Hitze köcheln lassen, bis die Mischung eine breiartige Konsistenz hat. Mit den Lammkebabs servieren.

Hinweis: Bei wenig Zeit geht es auch mit einem Chutney oder Relish aus der Flasche.

Tip:
Zu diesem Rezept sollten Sie Lammfilets verwenden (sie sind nicht ganz billig, aber es gibt kaum Abfall) oder ein anderes mageres Stück vom Lamm. Eine andere Möglichkeit ist, Ihren Metzger zu bitten, eine Lammkeule aus dem Knochen zu lösen und in Würfel zu schneiden. Das Fleisch nicht zu lang braten. Traditionell wird es durchgebraten serviert, aber es ist eigentlich besser, das Fleisch leicht rosa zu lassen; das Resultat ist saftiger und zarter.

Lammkebabs mit Mango-Relish.

Chiliburger

Vorbereitungszeit:
15 Min.
Gesamtkochzeit:
10 Min.
Für 4 Personen

4 EL rote Bohnen aus der Dose
250 g Bratwurstfleisch
2 EL Tomatenmark
1 Zwiebel, gehackt
1 1/2 TL Chilisauce
1 TL gemahlener Kümmel
4 Hamburgerbrötchen

Füllung
1 Avocado, zerkleinert
1 kleine grüne Paprika, gehackt
1 mittelgroße, reife Tomate, gehackt
5 EL geriebener Cheddarkäse
80 ml saure Sahne

1. Bohnen in eine mittelgroße Schüssel geben, leicht mit einer Gabel zerdrücken. Fleisch, Tomatenmark, Zwiebel, Chilisauce und Kümmel hinzugeben, verrühren. Vierteln und zu flachen Scheiben formen.
2. Die Scheiben auf einen kalten, leicht eingeölten Grillrost geben, bei hoher Hitze 3 Min. auf jeder Seite grillen, bis sie goldbraun und durchgebraten sind.
3. Für die Füllung: In einer kleinen Schale Avocado, Paprika, Tomaten, Käse und saure Sahne mischen.
4. Die Hamburgerbrötchen durchschneiden, leicht unter dem heißen Grill rösten. Auf eine Brötchenhälfte die Scheiben legen und darauf die Füllung geben. Obenauf die andere Brötchenhälfte setzen.
Hinweis: Passen Sie die Menge der Chilisauce Ihrem Geschmack an.

Burger mit Schmiß

Vorbereitungszeit:
20 Min.
Gesamtkochzeit:
16 Min.
Für 4 Personen

650 g Rinderhackfleisch
1 mittelgroße Zwiebel, gehackt
1 EL Worcestershiresauce
2 EL Tomatensauce
4 EL Brotkrumen
1 Ei, verquirlt
2 TL Öl
4 Scheiben Cheddarkäse
4 Brötchen
4 Salatblätter
1 mittelgroße Tomate, in Scheiben geschnitten
4 Scheiben Rote Bete,
Tomaten- oder Grillsauce

1. Fleisch, Zwiebeln, Saucen, Brotkrumen und Ei in eine große Rührschüssel geben. Mit den Händen gut vermischen. In 4 gleiche Portionen teilen, und etwa 1 1/2 cm dicke Scheiben formen.
2. Bratpfanne erhitzen und leicht mit Öl einfetten. Die Burger bei mittlerer Hitze auf beiden Seiten etwa 8 Min. braten, einmal wenden. Eine Käsescheibe in den letzten 4 Min. der Bratzeit auf jeden Burger legen
3. Während die Burger braten, die Brötchen horizontal durchschneiden und leicht grillen. Salat, Tomaten und Rote Bete auf jedes Brötchen legen, darauf die Burger. Mit Tomaten- oder Grillsauce nach Belieben würzen und die andere Brötchenhälfte drauflegen. Sofort servieren.

Hinweis: Versuchen Sie mal Ananasscheiben, gegrillten Schinken oder Spiegelei auf dem Burger.

Tip:
Bereiten Sie eine doppelte Menge der Burgermischung und frieren Sie die eine Hälfte für später ein. Formen Sie Scheiben, trennen Sie sie mit Folie und wickeln Sie sie in eine Plastiktüte.

Chiliburger (oben) und Burger mit Schmiß.

Lammburger mit Käse und Schinken

Vorbereitungszeit:
15 Min.
Gesamtkochzeit:
6 Min.
Für 4 Personen

400 g Lammhackfleisch
1 Zwiebel, gehackt
2 TL frisch gehackter Rosmarin
3 EL Tomatenmark
4 Scheiben roher Schinken, ohne Rand
4 Scheiben würziger Käse
4 Hamburgerbrötchen
2 EL französischer Senf
1 mittelgroße Möhre, fein geraspelt
1 Handvoll fein geschnippelter grüner Salat

1. Fleisch, Zwiebel, Rosmarin und Tomatenmark in einer mittelgroßen Schale mischen. In 4 Teile teilen, flache Burger formen.
2. Eine Scheibe Schinken um jeden Burger wickeln, mit einem Zahnstocher befestigen.
3. Auf einen kalten, leicht eingeölten Grillrost legen und bei hoher Hitze 3 Min. auf beiden Seiten gar grillen. Eine Scheibe Käse auf jeden Burger legen, von dem Grill nehmen. Zahnstocher entfernen.
4. Die Hamburgerbrötchen durchschneiden, auf beiden Seiten leicht toasten. Eine Brötchenhälfte mit Senf bestreichen, darauf den Burger, Möhren und Salat legen. Die andere Brötchenhälfte daraufsetzen. Sofort servieren.

Kichererbsen und Ricottaburger

Vorbereitungszeit:
15 Min.
Gesamtkochzeit:
4 Min.
Für 4 Personen

400 g Kichererbsen aus der Dose, abgetropft
4 Frühlingszwiebeln, gehackt
3 EL frisch gehackte Petersilie
2 Knoblauchzehen, zerdrückt
Mehl
1 verquirltes Ei
3 EL trockene Brotkrumen
Öl zum Braten
4 Vollkornbrötchen
2 EL Mayonnaise
1 große Handvoll Alfafakeime

Ricottafüllung:
125 g Ricottakäse
1 Stange Sellerie, gehackt
1 EL Senfkörner
2 EL frisch gehackter Schnittlauch

1. Kichererbsen, Frühlingszwiebeln, Petersilie und Knoblauch in der Küchenmaschine in 10 Sek. zermahlen. Die Zutaten mit den Händen zusammendrücken, die Mischung vierteln, flache Scheiben formen.
2. Scheiben mit Mehl bestäuben, sie in das verquirlte Ei legen und mit Brotkrumen panieren.
3. Öl in einem Topf mit schwerem Boden erhitzen. Scheiben hineingeben. Bei mittlerer Hitze auf beiden Seiten in 2 Min. goldbraun braten. Aus dem Topf nehmen, auf Küchenpapier abtropfen lassen.
4. Für die Ricottafüllung: Ricotta, Sellerie, Senf und Schnittlauch gut vermischen. Die Brötchen aufschneiden, mit der Mayonnaise bestreichen. Darauf nacheinander die Scheiben, die Füllung und die Alfafakeime geben. Servieren.

Tip:
Züchten Sie selber Alfafakeime, es dauert nur 2–3 Tage.

Lammburger mit Käse und Schinken (oben) und Kichererbsen mit Ricottaburgern.

Muffins mit Schinken, Käse und Ananas

Vorbereitungszeit:
15 Min.
Gesamtkochzeit:
10 Min.
Für 4 Personen

4 Englische Muffins
2 EL Senf
1 EL Öl
1 Porree, in Scheiben
4 runde Schinkensteaks
4 Ananasringe, abgetropft
4 Eier
4 Scheiben Cheddarkäse

1. Die Muffins durchschneiden, auf beiden Seiten toasten. Mit Senf bestreichen.
2. Öl in einer Pfanne erhitzen, Porree hinzufügen, bei mittlerer Hitze in 1 Min. weich braten. Aus der Pfanne nehmen, auf die 4 Muffinhälften legen.
3. Schinkensteaks in die Pfanne geben, 1 Min. auf jeder Seite braun braten. Aus der Pfanne nehmen, auf den Porree geben. Dasselbe mit den Ananas tun.
4. Der Reihe nach ein Ei in einer Tasse aufschlagen, in die Pfanne gleiten lassen und nach Wunsch braten. Aus der Pfanne nehmen, auf die Ananas legen. Käse auf die Eier geben, auf einen Grillrost geben, bei mittlerer Hitze 1 Min. grillen, bis der Käse gerade geschmolzen ist. Mit der anderen Muffinhälfte bedecken. Servieren.

Variation: Sie können auch Brötchen statt Muffins verwenden.

Sesam-Schweineburger

Vorbereitungszeit:
15 Min.
Gesamtkochzeit:
10 Min.
Für 4 Personen

400 g Schweine- und Kalbhackfleisch
4 EL Haferflocken
1 EL Sesamkörner
2 TL Sojasauce
2 Knoblauchzehen, zerdrückt
1 TL geraspelter frischer Ingwer
4 EL Pflaumensaft
4 Brötchen

Füllung
1 EL Sesamöl
1/2 rote Paprika, gehackt
2 Frühlingszwiebeln, gehackt
2 Tassen gehackter Bok Choy

1. Das Fleisch in einer mittelgroßen Schale mit den Haferflocken, Sesamkörnern, Sojasauce, Knoblauch und Ingwer vermischen. In 4 gleiche Portionen verteilen, flache Scheiben daraus formen.
2. Auf einen kalten, leicht eingeölten Grillrost legen, mit etwas Pflaumensaft bestreichen, bei hoher Hitze etwa 4 Min. auf beiden Seiten grillen, bis es gar ist. Burger gelegentlich beim Grillen mit Pflaumensaft bestreichen.
3. Für die Füllung: Sesamöl in einer Bratpfanne erhitzen, Paprika und Frühlingszwiebeln hinzugeben, bei mittlerer Hitze in 2 Min. unter Rühren gar braten. Bok Choy hinzufügen, gut verrühren, vom Herd nehmen.
4. Die Brötchen halbieren, leicht toasten. Mit den Burgern und der Füllung belegen. Servieren.

Tip:
Sesamöl, das man in asiatischen Lebensmittelgeschäften und manchen Supermärkten findet, hat einen durchdringenden Eigengeschmack. Wenn Sie ihn nicht mögen, gibt Erdnußöl ein schönes Nußaroma.

Muffins mit Schinken, Käse und Ananas (oben) und Sesam-Schweineburger.

Scharfe Hühnerfilets

Vorbereitungszeit: 20 Min.
Gesamtkochzeit: 8 Min.
Für 4 Personen

4 Hühnerbrustfilets
70 g Maismehl
2 Eier, verquirlt
1 Tasse Brotkrumen
2 EL Cajun Huhngewürz
2 EL Öl
4 runde Brötchen
4 Salatblätter
6 EL Salatsauce oder Mayonnaise

1. Vom Fleisch überschüssiges Fett und Sehnen entfernen. Jedes Filet mit einer Teigrolle leicht flachrollen. Das Fleisch in Mehl wenden, Reste abschütteln. Nacheinander in Ei legen, dann mit Brotkrumen und Gewürz panieren.
2. Öl in einer Bratpfanne mit dickem Boden erhitzen, Fleisch hineingeben. Bei mittlerer Hitze 4 Min. auf beiden Seiten braten, einmal wenden. Auf Küchenpapier abtropfen lassen.
3. Die Brötchen durchschneiden, ein Salatblatt auf jedes Brötchen legen. Mit dem Hühnerfilet bedecken und einen Schuß Salatsauce daraufgeben.

Scharfe Hühnerfilets (oben) und Kräuterhuhn-Rissolen.

Kräuterhuhn-Frikadellen

Vorbereitungszeit: 10 Min.
Gesamtkochzeit: 12 Min.
Für 4 Personen

500 g Hühnerhackfleisch
60 g (etwa 1 Tasse) frische Weißbrotkrumen
1 große Zwiebel, gehackt
2 EL Schnittlauch, gehackt
2 EL frische Petersilie, gehackt
1 EL frische Thymianblätter, gehackt
2 TL Worcestershiresauce
1 Ei, verquirlt
90 g Fetakäse, zerkrümelt
frisch gemahlener schwarzer Pfeffer
4 EL Früchtechutney

1. Fleisch in eine Schale geben. Brotkrumen, Zwiebel, Schnittlauch, Petersilie, Thymian, Worcestershiresauce und Ei dazugeben und gut verrühren.
2. Die Mischung in 8 gleiche Portionen teilen und Frikadellen von 1,5 cm Dicke formen.
3. Frikadellen auf ein kaltes, leicht eingeöltes Grillblech legen und bei hoher Hitze 5 Min. auf allen Seiten braun und gar braten.
4. Jede Frikadelle mit Fetakäse und Pfeffer bestreuen. Grillen, bis der Käse geschmolzen ist. Einen Löffel Chutney daraufgeben. Die Frikadellen können nach Wunsch in Brötchen serviert werden.

Hinweis: Es ist für Sie vielleicht bequemer, die Frikadellen einen Tag vorher zu machen. Bewahren Sie sie zugedeckt im Kühlschrank auf, bis Sie sie brauchen.

Tip:
Für eine umfangreichere Mahlzeit servieren Sie den Feta als Beilage. Mischen Sie den Feta mit 1 EL gehackter Pfefferminze, 2 EL Olivenöl und 1 EL Zitronensaft.

Rindfleisch-Tacos

Vorbereitungszeit:
20 Min.
Gesamtkochzeit:
10 Min.
Für 4 Personen

1 EL Öl
1 kleine Zwiebel, gehackt
500 g Rinderhackfleisch
35 g Tacogewürze
4 EL Wasser
6 EL Tacosauce
8 Tacomuscheln
4 Salatblätter, fein geschnippelt
1 große Tomate, gehackt
150 g Cheddarkäse, gerieben

1. Öl in einer Bratpfanne erhitzen. Zwiebel 3 Min. bei mittlerer Hitze weichbraten. Fleisch hinzugeben, in 3 Min. braun braten. Mit einer Gabel das Fleisch beim Braten auseinanderdrücken, so daß es keine Klumpen mehr gibt.
2. Gewürz, Wasser und Tacosauce hinzugeben und bei mittlerer Hitze unter Rühren braten, bis die Mischung eindickt.
3. Zum servieren jede Tacomuschel mit etwas Fleisch füllen, mit Salat, Tomaten und geriebenem Käse bedecken.

Rindfleisch-Bohnen-Burritos

Vorbereitungszeit:
30 Min.
Gesamtkochzeit:
30 Min.
Für 4 Personen

2 EL Öl
1 mittelgroße Zwiebel, geschnitten
1 EL gemahlener Kümmel
2 TL gemahlener Koriander
1/2 TL gemahlener Zimt
1 TL Chilipulver
600 Rinderhackfleisch
425 g Tomaten aus der Dose, zerkleinert
4 EL Tomatenmark
440 g Bohnen aus der Dose, abgetropft
270 g Maiskörner aus der Dose
1 Päckchen Mehltortillas

Füllung
160 g geriebener Cheddarkäse
3 EL Tacosauce, nach Belieben

1. Öl in einem großen Topf mit schwerem Boden erhitzen, Zwiebeln, Gewürze und Fleisch hinzutun. Bei mittlerer Hitze 10 Min. braun braten, bis fast alle Flüssigkeit verdampft ist. Mit einer Gabel sich bildende Klümpchen zerteilen. Hitze zurücknehmen, Tomaten und Paste hinzugeben. Zudecken und unter gelegentlichem Rühren 20 Min. braten. Bohnen und Mais hinzugeben und rühren, bis alles heiß ist.
2. Backherd auf 180 °C vorheizen. Für die Burritos eine Handvoll Fleischmischung auf jede Tortilla geben. Die Tortillas um die Fleischmischung rollen und mit der Rückseite auf das Backblech legen. (2 Burritos per Person). Die Burritos mit geriebenem Käse bestreuen und 10 Min. braten, bis der Käse geschmolzen ist. Nach Belieben auf jeden Burrito einen EL Tacosauce geben und sofort mit einem grünen Salat servieren.

Hinweis: Mehltortillas gibt es in manchen Supermärkten. Wenn Sie sie nicht finden können, nehmen Sie durchgeschnittenes Pitabrot.

Rindfleisch-Tacos (oben) und Rindfleischbohnen-Burritos.

Nachos mit Guacamole

Vorbereitungszeit:
20 Min.
Gesamtkochzeit:
3–5 Min.
Für 4 Personen

1 Dose rote Bohnen, 440 g, abgespült und abgetopft
3 EL Tomatensalsa aus der Flasche
250 g Maischips
300 g geriebener Käse
1½ BecherTomatensalsa, zusätzlich
4 EL saure Sahne

Guacamole
1 große Avocado
1 Frühlingszwiebel, gehackt
1 kleine Tomate, gehackt
1 EL Zitronensaft
frisch gemahlener schwarzer Pfeffer, nach Belieben

1. Den Backofen auf 180 °C vorheizen. Die Bohnen und Salsa mischen, in 4 feuerfeste Schalen verteilen. Mit Maischips und geriebenem Käse bedecken, 3–5 Min. im Backofen braten, bis der Käse geschmolzen ist.
2. Für den Nachos einen zusätzlichen Löffel Salsa auf den geschmolzenen Käse geben, Guacamole und Sahne daraufgeben.
3. Für den Guacamole: Die Avocado schälen und Kern entfernen. Das Fruchtfleisch leicht mit einer Gabel zerdrücken, mit der Frühlingszwiebel, Tomate, Zitronensaft und Pfeffer vermischen.

Nachos mit Guacamole (oben) und Lammklößchen mit scharfer Roter Sauce.

Lammklößchen mit scharfer Roter Sauce

Vorbereitungszeit:
25 Min.
Gesamtkochzeit:
15 Min.
Ergibt etwa 10 Stück

850 g Lammklößchen
1 kleine Zwiebel, gehackt
3 EL gehackte Petersilie
1 EL französischer Senf

Scharfe Rote Sauce
2 große rote Paprikas
1 EL Estragonessig
2 EL Pinienkerne
2 Knoblauchzehen, zerdrückt
1 Messerspitze gehackter frischer Chili
4 EL Olivenöl

1. Hackfleisch, Petersilie, Zwiebeln und Senf in einer großen Rührschüssel vermischen. Aus der Mischung etwa 40 Klößchen formen (= je 1 gestrichener EL). Bis zum Gebrauch in den Kühlschrank stellen. Je 4 Klöße auf 10 Spieße stecken.
2. Für die scharfe Rote Sauce:
Paprika halbieren und Samen entfernen. Die Hautseite unter einen Grill legen und grillen, bis die Haut schwarz ist. In ein feuchtes Geschirrtuch wickeln, erkalten lassen und häuten. Paprika, Essig, Pinienkerne, Knoblauch und Chili in eine Küchenmaschine oder einen Mixer geben. Zermahlen und langsam Öl dazugeben, bis die Mischung glatt ist. Anrichten.
3. Den Grill oder die Pfanne erhitzen und leicht mit Öl einfetten. Die Hackfleischspieße bei mittlerer Hitze etwa 12 Min. braten, bis sie braun sind. Auf Küchenpapier abtropfen lassen und mit scharfer Roter Sauce anrichten.

Hotdogs mit Chiliwurst

Vorbereitungszeit:
20 Min.
Gesamtkochzeit:
10 Min.
Für 4 Personen

1 mittelgroße Tomate, gehackt
1 kleine rote Zwiebel, gehackt
2 TL süße Chilisauce
1 EL gehackter Basilikum
2 TL Öl
4 gewürzte Knoblauchwürste
4 ovale Brötchen

1. Tomaten, Zwiebeln, Chilisauce und Basilikum in einer kleinen Schüssel gut vermischen.
2. Öl in einer Pfanne erhitzen. Die Würste an mehreren Stellen mit einer Gabel einstechen, bei mittlerer Hitze 10 Min. braten, bis sie braun und durchgebraten sind.
3. Jedes Brötchen tief einschneiden. Eine Wurst in die Öffnung legen, etwas von der Tomaten-Chilimischung daraufgeben. Sofort servieren.

Hinweis: Sie können auch Ihre Lieblingswurst verwenden.

Glasierte Aprikosenrippchen

Vorbereitungszeit:
5 Min.
Gesamtkochzeit:
30 Min.
Für 4 Personen

1,5 kg Rindfleischrippchen
125 ml Aprikosennektar
1 EL Sojasauce
1 EL süße Chilisauce
2 Knoblauchzehen, zerdrückt
2 TL geraspelter frischer Ingwer

1. Den Backofen auf 210 °C (190 °C Gas) vorheizen. Die Rippchen nebeneinander auf das Backblech legen.
2. Aprikosennektar, Sojasauce, Chilisauce, Knoblauch und Ingwer mischen und über die Rippchen geben.
3. 30 Min. braten, bis die Rippchen gar und schön braun sind, während des Bratens gelegentlich mit der Glasur bestreichen. Servieren.

Tip:
Diese Rippchen haben mehr Geschmack, wenn Sie sie vorher mehrere Stunden in der Glasur marinieren.

Hotdogs mit Chiliwürsten (oben) und Glasierte Aprikosenrippchen.

Hotdogs mit Geflügelwürstchen

Vorbereitungszeit:
30 Min.
Gesamtkochzeit:
5 Min.
Für 4 Personen

Geflügelwürstchen
400 g Hühnerhackfleisch
6 EL frische Brotkrumen
3 EL Früchtechutney
3 Knoblauchzehen, zerdrückt
4 große Libanonbrote
4 EL milde Käsecreme
4 EL gehackter Schnittlauch

Füllung
1 kleiner Apfel, gehackt
1 mittelgroße Tomate, zerkleinert
1/2 rote Zwiebel, gehackt
2 EL Zitronensaft

1. Für die Geflügelwürstchen: Fleisch, Brotkrumen, Früchtechutney und Knoblauch vermischen; in 8 gleiche Portionen teilen. Jede Portion zu einer Wurst von etwa 12 cm Länge rollen. Auf einen kalten, eingeölten Grillrost legen, bei hoher Hitze 5 Min. durchbraten, gelegentlich wenden. Auf Küchenpapier abtropfen lassen, warm halten.
2. Die Libanonbrote horizontal halbieren, um 8 Hälften zu erhalten. Käsecreme und Schnittlauch mischen und auf die Brothälften streichen.
3. Für die Füllung: Apfel, Tomate, Zwiebel und Zitrone mischen. Mit dem Löffel auf jede Brothälfte geben.
4. Die Würstchen auf die Brothälften mit der Füllung legen. Das Brot aufrollen und die Füllung einschließen. Mit Zahnstochern befestigen. Servieren.

Clubsandwich

Vorbereitungszeit:
15 Min.
Gesamtkochzeit:
keine
Für 4 Personen

12 Scheiben Brot

Thunfischfüllung
185 g Thunfisch aus der Dose, abgetropft
1 EL Mayonnaise
1 TL. Currypulver
8 Gurken, der Länge nach geschnitten

Salat
1/2 Kopf Eisbergsalat
1 große Tomate, in Scheiben
1 Libanongurke, geschnitten

1. In einer kleinen Schale Thunfisch, Mayonnaise und Currypulver vermischen.
2. 4 Scheiben Brot mit der Thunfischmischung bestreichen und mit Gurkenscheiben bedecken. Darauf eine Scheibe Brot legen.
3. Den Salat, Tomaten und Gurke daraufschichten und mit einer Scheibe Brot bedecken. Die Sandwiches diagonal durchschneiden, in jedes einen Zahnstocher stecken, um die Schichten aufeinander zu halten.

Variation: Das Brot kann eventuell geröstet werden. Andere Füllungen sind auch: Ei mit Curry, Rostbeefscheiben mit Chutney, Huhn mit Avocado oder Schinken.

Hotdogs mit Geflügelwürstchen (oben) und Club Sandwich.

Tip:
Sandwiches bereitet man am besten vor dem Servieren zu. Wenn Sie sie früher zubereiten, bewahren Sie sie mit einem feuchten Tuch bedeckt im Kühlschrank auf.

Aus dem Teig Kreise ausstechen und in große Muffinformen drücken.

Für die Füllung das Fleisch schön braun braten. Mit einer Gabel Klumpen zerdrücken.

Fleischpasteten

Vorbereitungszeit:
20 Min.
Gesamtkochzeit:
25 Min.
Ergibt 16 Stück

4 Scheiben Fertig-Blätterteig
2 kleine Tomaten, in Scheiben geschnitten
1/2 TL getrocknete Oreganoblätter

Füllung
1 EL Öl
1 Zwiebel, gehackt
2 Knoblauchzehen, zerdrückt
500 g Rinderhackfleisch
2 EL Mehl
375 ml Rinderbouillon
4 EL Tomatensauce
2 TL Worcestershiresauce
1 EL gehackter frischer Rosmarin

1. Den Backofen auf 210 °C (190 °C Gas) vorheizen. Mit einem Glas von 10 cm Durchmesser Kreise aus dem Teig ausstechen. Die Teigkreise in große Muffinformen (Inhalt 80 ml) drücken.

2. Für die Füllung: Öl in einem Topf mit schwerem Boden erhitzen. Zwiebel und Knoblauch hineingeben. Bei mittlerer Hitze in 2 Minuten weich braten. Fleisch hinzugeben, bei hoher Hitze 3 Min. braten, bis es braun ist und alle Füssigkeit verdampft ist. Beim Braten das Fleisch mit einer Gabel zerdrücken, damit es nicht klumpig ist.

3. Mehl hinzufügen, verrühren, bei mittlerer Hitze 1 Min. kochen. Bouillon, Saucen und Rosmarin hinzugeben, unter Rühren zum Kochen bringen. Hitze reduzieren, 5 Min. köcheln lassen, bis die Mischung reduziert und eingedickt ist; gelegentlich rühren. Topf vom Herd nehmen, erkalten lassen.

4. Die Füllung auf die Teigformen verteilen. Auf jede eine Scheibe Tomate legen, mit Oregano bestreuen. 25 Min. backen, bis der Teig goldbraun und knusprig ist. Heiß servieren.

Tip:
Um eine traditionelle Pastete zu machen, befolgen Sie das Rezept bis zum letzten Schritt und stechen Sie Blätterteigkreise aus, die auf die Formen passen. Die Teigkreise auf die Tomaten mit Oregano legen, den Rand mit verquirltem Ei verschließen. Backen, bis der Teig golden und aufgegangen ist.

Fleischpasteten.

Die Füllung kochen, bis sie reduziert und eingedickt ist, ab und zu rühren.

Die Pastetenformen füllen, mit einer Scheibe Tomate bedecken, mit Oregano bestreuen.

San Choy Bow

Vorbereitungszeit:
10 Min.
Gesamtkochzeit:
10 Min.
Für 4 Personen

1 EL Öl
1 Zwiebel, gehackt
1 kleine rote Paprika, geschnitten
1 Knoblauchzehe, zerdrückt
1 TL Sambal Oelek
200 g Schweine- und Kalbhackfleisch
150 ml Kokosnußmilch
2 EL Erdnußbutter
1 EL Zitronensaft
2 TL Sojasauce
8 große Salatblätter

1. Öl in einer großen Bratpfanne erhitzen, Zwiebeln, Paprika, Knoblauch und Sambal Oelek hinzufügen, bei mittlerer Hitze unter Rühren 2 Min. braten, bis die Zwiebel weich ist.
2. Fleisch hinzugeben, bei großer Flamme unter Rühren 3 Min. braten, bis alles braun und beinahe alle Flüssigkeit verdampft ist. Mit einer Gabel die sich bildenden Klümpchen zerdrücken.
3. Die Kokosmilch, Erdnußbutter, Zitronensaft und Sojasauce hinzufügen, zum Kochen bringen. Hitze reduzieren, im offenen Topf 5 Min. köcheln lassen, bis beinahe alle Flüssigkeit verdampft ist. Vom Herd nehmen, erkalten lassen.
4. Mischung in die Salatblätter geben und servieren.

Variation: Sie können Geflügel- oder Rinderhackfleisch nehmen, wenn es für Sie bequemer ist.

Tandoori-Geflügeltaschen

Vorbereitungszeit:
15 Min.
Gesamtkochzeit:
7 Min.
Für 4 Personen

4 EL einfacher Joghurt
2 EL Tandooripaste
4 (440g) Geflügelfilets
4 Pitabrottaschen

Füllung
1 Libanongurke, gehackt
1 mittlere Tomate, gepellt, entkörnt, gehackt
2 EL einfacher Joghurt, zusätzlich
2 EL getrocknete Kokosnuß
2 EL gehackte frische Pfefferminze

1. Joghurt und Tandooripaste in einer mittelgroßen Schüssel mischen. Fleisch hinzufügen, rühren, bis das Fleisch gut bedeckt ist.
2. Das Fleisch auf einen kalten, leicht eingeölten Grillrost legen, bei hoher Hitze 3 Min. auf jeder Seite grillen, bis es durchgebraten ist. Das Fleisch erkalten lassen, in dünne Scheiben schneiden.
3. Die Pitataschen bei hoher Hitze 1 Min. rösten, bis sie heiß sind.
4. Für die Füllung: Gurke, Tomate, zusätzlichen Joghurt, Kokosnuß und Minze in eine mittelgroße Schale geben. Die Pitabrötchen durchschneiden, die Öffnungen mit dem Geflügel und der Mischung füllen. Sofort servieren.

Tip:
Zur Verstärkung des Geschmacks können Sie die Geflügelfilets in der Joghurtmischung einige Stunden oder über Nacht im Kühlschrank marinieren.

San Choy Bow (oben) und Tandoori-Geflügeltaschen.

Pitabrötchen mit Lachs

Vorbereitungszeit: 10 Min.
Gesamtkochzeit: keine
Für 4 Personen

Mayonnaise
1 Eigelb
1/2 TL Senf
1 EL Zitronensaft
10 EL Olivenöl
Salz und weißer Pfeffer nach Belieben

415 g Rosa Lachs aus der Dose, abgetropft
80 g gemischte Salatblätter
1 mittelgroße Tomate, in Scheiben
4 Pitabrötchen

1. Den Eidotter in eine kleine Rührschüssel geben, Senf und die Hälfte des Zitronensaftes hinzugeben. 1 Min. mit dem Schneebesen leicht schaumig schlagen. Nur 1 TL Öl zugleich hineingeben, fortwährend schlagen, bis die Mischung cremig ist.
2. Mehr Öl hineingeben, wenn die Mayonnaise dicklich wird. Fortfahren mit Schlagen, bis alles Öl hineingegeben ist. Nach Geschmack Salz und Pfeffer einrühren.
3. Lachs mit einer Gabel flach drücken. Salatblätter und Tomate in die Brottaschen geben, mit Lachs und Mayonnaise bedecken. Sofort servieren.

Lammsteak mit Zwiebelsandwich

Vorbereitungszeit: 5 Min.
Gesamtkochzeit: 10 Min.
Für 4 Personen

2 EL Öl
2 große Zwiebeln, in Ringe geschnitten
4 Eier
4 (400 g) Lammschnitzel
1 EL Worcestershiresauce
8 Scheiben Brot
2 EL Tomatensauce
2 mittelgroße reife Tomaten, in Scheiben geschnitten
215 g Rote Bete in Scheiben, aus der Dose, abgetropft

1. Öl in großer Pfanne erhitzen, Zwiebeln hinzugeben, bei mittlerer Hitze 3 Min. rühren, bie sie gar und braun sind, vom Herd nehmen.
2. Die Eier nacheinander in einer Tasse aufschlagen, in die Pfanne gleiten lassen. 1 Min. oder nach Wunsch länger braten, aus der Pfanne nehmen, warm halten.
3. Schnitzel in die Pfanne geben, 1–2 Min. auf jeder Seite braten. Worcestershiresauce hinzugeben, die Schnitzel damit bedecken, sie aus der Pfanne nehmen. Brot auf jeder Seite rösten. 4 Scheiben mit Tomatensauce bestreichen, darauf nacheinander die Zwiebeln, Eier, Lammfleisch, Tomaten und Rote Bete geben. Die übrige Scheibe darauflegen. Diagonal durchschneiden. Servieren.

Hinweis: Lammschnitzel sind dünne Lammsteaks. Wenn Ihr Metzger keine vorrätig hat, können Sie auch Lammfilet nehmen. Schneiden Sie jedes der Länge nach auf, aber nicht ganz durch, so daß Sie es aufklappen können. Leicht flach drücken.
Für ein traditionelles Steaksandwich nehmen Sie feines Rinderfilet oder sehr dünne Scheiben Rumpsteak anstelle des Lamms.

Pitabrötchen mit Lachs (oben) und Lammsteak mit Zwiebelsandwich.

Kartoffeln mit Kräuterdip

Vorbereitungszeit: 15 Min.
Gesamtkochzeit: 4 Min.
Für 4 Personen

1 kg Kartoffeln
Öl zum Fritieren

Sahniger Kräuterdip
6 EL saure Sahne
2 EL einfacher Joghurt
2 EL gehackter Schnittlauch
1 EL gehackter frischer Thymian
1 Knoblauchzehe, zerdrückt
1 TL süße Chilisauce

1. Kartoffeln schälen, jede in etwa 10 Stücke schneiden. Mit Küchenpapier abtupfen.
2. Öl in tiefem Topf mit schwerem Boden erhitzen. Vorsichtig die Kartoffelstücke in das mäßig heiße Öl geben. Bei mittlerer Hitze 4 Min. fritieren, bis sie goldbraun sind. Aus dem Öl nehmen, auf Küchenpapier abtropfen lassen.
3. Für den sahnigen Kräuterdip: Saure Sahne und Joghurt mischen. Schnittlauch, Thymian, Knoblauch und Chilisauce hineinrühren. Als Dip mit den heißen Kartoffeln servieren.

Pommes Frites

Vorbereitungszeit: 20 Min.
Gesamtkochzeit: 6 Min.
Für 4 Personen

1,2 kg alte Kartoffeln
Öl zum Fritieren
Salz zum Würzen

1. Kartoffeln schälen, abspülen und mit Küchenpapier abtupfen. Der Länge nach in 7 mm dicke Scheiben schneiden. Dann jede Scheibe in 7 mm breite Stücke schneiden.
2. Öl in tiefem Topf mit schwerem Boden erhitzen. Die Kartoffeln vorsichtig, nur wenige gleichzeitig, in das mäßig heiße Öl geben. Bei mittlerer Hitze 3 Min. fritieren, bis sie hellgolden sind. Vorsichtig mit der Küchenzange oder der Schaumkelle herausnehmen. Auf Küchenpapier abtropfen lassen, dasselbe mit den übrigen Kartoffeln wiederholen. Abkühlen lassen.
3. Wenn angerichtet werden kann, das Öl erneut erhitzen. Die Kartoffeln noch einmal in Portionen fritieren, bis sie knusprig und golden sind. Auf Küchenpapier abtropfen lassen, mit Salz bestreuen. Sofort servieren.

Hinweis: Das Geheimnis für knusprige Pommes frites besteht im doppelten Fritieren.

Gegrillte Baguette

Vorbereitungszeit: 10 Min.
Gesamtkochzeit: 3 Min.
Ergibt 8 Portionen

80 g weiche Butter
1 Knoblauchzehe, zerdrückt
1 EL grobkörniger Senf
2 TL Zitronensaft
1 Baguette (französisches Stangenbrot)
385 g Stangenspargel aus der Dose
4 Scheiben Hinterschinken
80 g Gruyèrekäse, in Scheiben

1. Butter, Knoblauch, Senf und Zitronensaft in kleiner Schüssel gut mischen. Die Baguette in 4 gleiche Teile schneiden, dann horizontal durchschneiden. Beide Seiten mit der Buttermischung bestreichen.
2. Den Spargel gut abtropfen lassen. Auf die bebutterte Seite des Brotes legen, mit einer halben Scheibe Schinken und Käse bedecken.
3. Unter einen mäßig heißen Grill geben, und etwa 3 Min. grillen, bis der Käse geschmolzen ist. Servieren.

Von oben: Pommes frites, Gegrillte Baguette und Kartoffeln mit Kräuterdip.

Hähnchen im Blätterteig

Vorbereitungszeit:
20 Min.
Gesamtkochzeit:
20 Min.
Ergibt 6 Portionen

1 gegrilltes Hähnchen
12 Scheiben Blätterteig
4 EL Öl
1 große Avocado, geschnitten
2 kleine Tomaten, in Scheiben geschnitten
150 g geriebener Cheddarkäse
3 Frühlingszwiebeln, gehackt
30 g Butter, geschmolzen

1. Den Backofen auf 210 °C (190 °C Gas) vorheizen. Backblech mit Öl einfetten. Knochen aus dem Hähnchen herauslösen, Fleisch zerkleinern.
2. 1 Scheibe Blätterteig auf die Arbeitsfläche legen, mit der kurzen Seite nach vorne, leicht mit Öl bestreichen. Die zweite Scheibe darauflegen. 1/6 des Fleisches in Längsrichtung etwa 10 cm vom Ende und 5 cm von den Seiten darauflegen. Scheiben der Avocado und Tomaten , mit Käse und Zwiebeln bestreuen.
3. Die Ecken des Teiges um die Füllung falten, die Seiten einschlagen und zu einem Paket rollen. Mit Butter bestreichen. Dasselbe mit den übrigen Zutaten wiederholen. In 20 Min. backen. Servieren.

Schweinswürste in Pitabrötchen

Vorbereitungszeit:
15 Min.
Gesamtkochzeit:
8 Min.
Für 4 Personen

500 g Schweinehackfleisch
3 EL geriebener Apfel
2 Frühlingszwiebeln, geschnitten.
2 Kohlblätter, geschnippelt
4 Pitabrötchen
4 EL Pflaumensaft

1. Hackfleisch, Apfel und Zwiebel in Schüssel mit den Händen gut mischen. In 4 Portionen teilen und zu Würsten formen.
2. Bratpfanne erhitzen und mit Öl bestreichen. Würste bei mittlerer Hitze 8 Min. braten, ab und zu wenden , bis sie braun sind.
3. Kohl auf die Brötchen verteilen, Würste darauflegen, und mit Pflaumensaft beträufeln. Sofort servieren.

Hähnchen im Blätterteig und Schweinswurst in Pitabrötchen.

Herzhafte Hühnerpasteten

Vorbereitungszeit: 20 Min.
Gesamtkochzeit: 30 Min.
Ergibt 8 Portionen

1 EL Öl
1 kleine Zwiebel, gehackt
1 Knoblauchzehe, zerdrückt
1 TL Currypulver
150 g Hühnerhackfleisch
2 EL tiefgefrorene Erbsen
2 TL gehackter frischer Koriander
2 Scheiben Fertig-Blätterteig
1 verquirltes Ei

1. Backofen auf 180 °C vorheizen. Öl in einem Topf mit schwerem Boden erhitzen. Zwiebeln zugeben, in 2 Min. weichbraten. Knoblauch und Curry dazugeben, unter Rühren noch 1 Min. braten.
2. Fleisch in Pfanne geben, in 8 Min. durchbraten, bis fast alle Flüssigkeit verdampft ist. Mit einer Gabel die sich bildende Klümpchen zerdrücken. Erbsen und Koriander einrühren, in einer Schale erkalten lassen.
3. Mit einem Tellerchen 12 cm große Kreise aus dem Teig ausstechen. Fleischmischung auf die Kreise verteilen, zusammenfalten und die Ränder zusammendrücken. Auf ein Backblech legen, mit dem Ei bestreichen. In 20 Min. goldbraun braten.

Schinken-Käse-Croissants mit Senfcreme

Vorbereitungszeit: 10 Min.
Gesamtkochzeit: 5 Min.
Ergibt 4 Portionen

4 gekaufte Croissants
4 Scheiben Schweizer Käse
4 Scheiben Hinterschinken

Senfcreme
4 EL Mayonnaise
1 EL saure Sahne
1 TL grobkörniger Senf

1. Den Backofen auf 180 °C vorheizen. Croissants durchschneiden. Auf die untere Hälfte 1 Scheibe Schweizer Käse legen und auf ein Backblech geben. Die oberen Hälften mit der Schnittseite nach unten auf das Backblech legen und 5 Min. rösten, bis der Käse geschmolzen und die Croissants knusprig sind.
2. Schinken auf den Käse legen, Senfcreme auf den Schinken streichen und mit oberer Croissanthälfte bedecken. Sofort servieren.
3. Für die Senfcreme: Mayonnaise, saure Sahne und Senf in kleiner Schüssel gut verrühren.

Hinweis: Sie können Croissants frisch beim Bäcker kaufen oder beim Supermarkt in Folie eingeschweißt. Sie lassen sich prima einfrieren.

Tip:
Croissants sind besonders beliebt zum Frühstück. Weitere Ideen zum Füllen: Camembert und Avocado, Hähnchenfleisch mit dünngeschnittenen Pilzen und saurer Sahne, geräucherter Lachs mit saurer Sahne und Kapern.

Herzhafte Hühnerpasteten (oben) und Schinken-Käse-Croissants mit Senfcreme.

Brathähnchen

Vorbereitungszeit:
20 Min.
Gesamtkochzeit:
10 Min.
Für 4 Personen

8 Hähnchenkeulen
2 x 50 g Käsemaismehlchips
6 EL Brotkrumen
70 g Mehl
2 verquirlte Eier
Öl zum Fritieren
1/4 l Salsa aus der Flasche oder Tacosauce

1. Haut von den Keulen entfernen. In großem Topf 7 Min. gar kochen. Abtrocknen und erkalten lassen.
2. Maischips und Brotkrumen in der Küchenmaschine in 20 Sek. zermahlen.
3. Nacheinander die Keulen in das Ei und in das Mehl tauchen. Mit der Chipsmischung gut bedecken. Öl in einem tiefen Topf mit schwerem Boden erhitzen. Vorsichtig die Keulen in das mäßig heiße Öl geben. Bei mittlerer Hitze 2 Min. knusprig und golden fritieren. Herausnehmen, auf Küchenpapier abtropfen lassen. Mit Salsa servieren.

Geflügelsalat in Wickeln

Vorbereitungszeit:
15 Min.
Gesamtkochzeit:
5 Min.
Für 4 Personen

500 g Geflügelfilets
1 EL Olivenöl
1 kleine Zwiebel, in Scheiben
4 Scheiben dünnes Pitabrot
3 EL Mayonnaise
4 Salatblätter, feingeschnitten
2 kleine Tomaten, zerkleinert
1/2 kleine Libanongurke, in Scheiben

1. Hühnerfleisch von sichtbarem Fett und Sehnen befreien. In dünne Streifen schneiden. Öl in Bratpfanne erhitzen, Geflügel und Zwiebel in 5 Min. durchbraten.
2. Pitabrot auslegen. Geflügelmischung vierteln und auf eine Ecke von jedem Stück Brot geben. Mit Mayonnaise, Salat, Tomaten und Gurke füllen.
3. Brot um die Füllung falten, Seiten einschlagen und aufwickeln. Sofort servieren.

Geflügelsalat in Wickeln (links) und Brathähnchen

Geflügel-Nuggets mit süßsaurer Sauce

Vorbereitungszeit:
20 Min.
Gesamtkochzeit:
12 Min.
Ergibt 4 Portionen

2 Geflügelbrustfilets
70 g Mehl
1 verquirltes Ei
8 EL Cornflakekrümel

Süßsaure Sauce
60 ml Orangensaft
60 ml Ananassaft
60 ml weißer Essig
2 EL weicher brauner Zucker
1 EL Chilisauce
2 TL Maismehl
1 EL Wasser

1. Backofen auf 180 °C vorheizen. Ein Backblech mit Folie auslegen. Geflügel in 3 cm große Würfel schneiden. Im Mehl wenden, überschüssiges Mehl abschütteln. In Ei tauchen, mit Cornflakekrumen bedecken. Falls Sie Zeit haben, 30 Min. in den Kühlschrank stellen.
2. Geflügelteile auf das Blech legen, in 10–15 Min. knusprig und goldbraun braten. Mit süßsaurer Sauce servieren.
3. Für die süßsaure Sauce: Säfte, Essig, Zucker und Chilisauce in kleinen Topf geben. Bei mittlerer Hitze rühren, bis sich der Zucker aufgelöst hat. Maismehl und Wasser in kleiner Schüssel glattrühren, in den Topf geben. Bei mittlerer Hitze unter Rühren kochen und eindicken lassen. Hitze reduzieren und 2 Min. köcheln lassen. Zum abkühlen in eine kleine Schale. Warm oder bei Zimmertemperatur servieren.

Spanisches Omelett

Vorbereitungszeit:
20 Min.
Gesamtkochzeit:
25 Min.
Für 6 Personen

1 kg mittelgroße Kartoffeln
1 EL Olivenöl
1 große Zwiebel, gehackt
75 g Salami in Scheiben, gehackt
4 verquirlte Eier

1. Kartoffeln in 2 cm große Würfel schneiden und in einem großen Topf gar kochen. Abtrocknen und abkühlen lassen.
2. Öl in einer 25 cm großen beschichteten Pfanne erhitzen. Zwiebeln darin bei ziemlich schwacher Hitze in 3 Min. weichbraten. Salami hinzugeben und nochmals 3 Min. braten, gelegentlich rühren.
3. Kartoffeln in den Topf geben, 5 Min. braten und dabei gut vermischen. Hitze reduzieren, Grill auf mittlerer Hitze vorheizen.
4. Eier in die Pfanne geben, gut in die Kartoffelmischung rühren, so daß die Eier sich gut überall verteilen. 3 Min. braten, bis die Eier Ränder bilden. Vom Herd nehmen, und 2–3 Min. unter den Grill stellen, bis die Oberfläche fest geworden ist. Auf eine Platte geben und in 6 Stücke schneiden. Abkühlen lassen und bei Zimmertemperatur servieren.

Hinweis: Geben Sie eventuell etwas gehackte Paprika zu der Zwiebel.

Geflügel-Nuggets mit süßsauer Sauce (oben) und Spanisches Omelett.

Butter in das Mehl reiben, bis die Mischung krümelig ist.

Teig zu einem Rechteck ausrollen, mit Tomatenmark bestreichen.

Schinken-Ananas-Pizzaräder

Vorbereitungszeit:
25 Min.
Gesamtkochzeit:
20 Min.
Für 4 Personen

280 g Mehl mit Backpulver
40 g Butter, gehackt
125 ml Milch
2 EL Tomatenmark
1 kleine Zwiebel, gehackt
2 Ananasscheiben, gehackt
100 g Schinken, geschnippelt
4 EL geriebener Cheddarkäse
1 EL gehackte Petersilie

1. Backofen auf 180 °C vorheizen. Backblech mit Öl einfetten. Mehl in Schüssel sieben. Mit den Fingerspitzen Butter in 2 Min. in das Mehl reiben, bis es fein und krümelig ist. Fast die gesamte Milch hinzufügen, zu einem weichen Teig kneten, falls notwendig mehr Milch hinzugeben. Auf eine mehlbestäubte Fläche geben, 30 Sek. kneten.

2. Teig auf Backpapier zu einem Rechteck von 20x30 cm ausrollen, etwa 5 mm dick. Tomatenmark auf den Teig streichen, einen Rand von 1 cm lassen.

3. Zwiebel, Ananas, Schinken, Käse und Petersilie gut mischen. Gleichmäßig über die Tomatenpaste geben, einen Rand von 2 cm lassen. Mit Hilfe des Papiers längsseits aufrollen.

4. Mit einem scharfen Messer in 8 Scheiben schneiden. Mit der Schnittseite auf dem Backblech in 20 Min. golden braten.

Schinken-Ananas-Pizzaräder.

Mit Hilfe des Papiers Teig längsseits aufrollen.

Rolle in 8 Scheiben schneiden, mit der Schnittseite auf das Backblech legen.

Fisch im Bierteig mit Remouladensauce

Vorbereitungszeit:
15 Min. +
15 Min. Ruhezeit
Gesamtkochzeit:
6 Min.
Für 4 Personen

210 g Mehl
1 verquirltes Ei
300 ml Bier
4 (600 g) Fischfilets
Öl zum Fritieren

Remouladensauce
6 EL Mayonnaise
1 EL Kapern, gehackt
1 EL gehackte Gurken
2 TL gehackte Petersilie
1 TL Zitronensaft

1. Mehl in große Schüssel sieben, eine Mulde in der Mitte formen. Ei und Bier zugleich hineingeben, schlagen, bis alle Flüssigkeit aufgenommen ist und der Teig keine Klumpen hat. Mit Folie bedeckt 15 Min. ruhenlassen.
2. Öl in großem Topf mit schwerem Boden erhitzen. Fisch in den Teig tauchen, dann vorsichtig in das mäßig heiße Öl geben. Bei mittlerer Hitze 3–4 Min. knusprig und goldfarben fritieren. Vorsichtig mit einer Schaumkelle aus dem Öl nehmen. Auf Küchenpapier abtropfen lassen. Sofort mit Remouladensauce servieren.
3. Für die Remouladensauce: Mayonnaise, Kapern, Gurken, Petersilie und Zitronensaft in kleiner Schüssel mischen.

Hinweis: Beim Fritieren sollte der Topf nur halbvoll Öl sein, weil der Topf beim Fritieren voller wird. Nur 1 oder 2 Fische gleichzeitig fritieren.

Gegrillte Aubergine mit Paprika

Vorbereitungszeit:
15 Min.
Gesamtkochzeit:
8 Min.
Für 4 Personen

2 EL Öl
1 kleine Aubergine, in 1 cm dicke Scheiben geschnitten
1 großes Focacciabrot (30x30 cm)
4 EL Tomatenmark
1 kleine Zwiebel, gehackt
1 kleine rote Paprika, in dünnen Streifen
3 EL gehackte Korianderblätter
4 EL geriebener Cheddarkäse
2 EL geriebener Parmesankäse

1. Das Öl in einer großen Pfanne erhitzen. Auberginenscheiben 2 Min. braten, bis sie weich und goldfarben sind. Auf Küchenpapier abtropfen lassen.
2. Brot in 4 Vierecke schneiden, dann horizontal durchschneiden. Jede Seite 2 Min. toasten, mit Tomatenmark bestreichen.
3. Aubergine, Zwiebel, Paprika, Koriander und gemischten Käse auf jedes Viereck legen. 2–3 Min. unter einen mäßig heißen Grill legen, bis der Käse geschmolzen ist. Sofort servieren.

Tip:
Fast alles eignet sich als Focacciabrotbelag. Versuchen Sie: Geflügel, Schinken, Tomatenscheiben, Avocado. Den Belag mit Käse bedecken und unter dem Grill schmelzen lassen.

Fisch im Bierteig mit Remouladensauce (oben) und Gegrillte Aubergine mit Paprika.

Die perfekte Waffel

Vorbereitungszeit:
10 Min.
Gesamtkochzeit:
3-5 Min.
Für 4 Personen

8 dicke Scheiben Toastbrot
30 g weiche Butter
4 Scheiben Hinterschinken
1 große Tomate, in Scheiben
150 g geriebener Cheddarkäse
schwarzer Pfeffer, nach Belieben

1. Tischgrill vorheizen. Brotscheiben bebuttern. Je 2 Scheiben mit der bebutterten Seite aufeinanderlegen.
2. 1 Scheibe Schinken auf jede Doppelscheibe legen, darauf die Tomaten. Käse gleichmäßig über die Tomaten streuen, mit Pfeffer würzen.
3. Vorsichtig die obere Scheibe auf den Tischgrill legen, die bebutterte Scheibe darauf. Den Grilldeckel schließen und 3 Min. toasten, bis sie goldfarben ist. Mit der Küchenzange herausnehmen und diagonal durchschneiden.

Hinweis: Getoastete Sandwiches können auch in der Pfanne bereitet werden. Bereiten Sie bis Punkt 3 zu, dann die obere Scheibe mit der Füllung in eine Pfanne geben. Die andere Scheibe darauflegen, mit der bebutterten Seite nach oben. Bei mittlerer Hitze 2–3 Min. braten, bis die Unterseite goldfarben ist. Mit einem Küchenmesser das Sandwich vorsichtig umdrehen und auf der anderen Seite braten.

Herzhafte Schnitte

Vorbereitungszeit:
25 Min.
Gesamtkochzeit:
30 Min.
Für 6 Personen

280 Mehl mit Backpulver
40 g Butter, zerhackt
80 g geriebener Cheddarkäse
125 ml Milch
4 EL dicke Tomatensauce
1 mittelgroße Zwiebel, in Scheiben geschnitten
100 g Scheibensalami, in dünnen Streifen
3 EL entsteinte, geschnittene schwarze Oliven
3 EL geriebener Parmesankäse

1. Backofen auf 210 °C (190 °C Gas) vorheizen. Ein rechteckiges Backblech von 20x30 cm mit Öl einfetten. Boden und Rand mit Backpapier ausschlagen.
2. Mehl, Butter und Käse in Küchenmaschine geben und in 30 Sek. zu einer glatten Masse verrühren. Fast alle Milch hineingeben und nochmals 30 Sek. rühren, bis ein Teig entsteht, falls notwendig mehr Flüssigkeit hinzugeben.
3. Die Mischung auf eine mehlbestäubte Fläche geben. In 2 Min. leicht glatt kneten. Teig auf 20x30 cm ausrollen und auf Backblech geben. Den Teig mit der Sauce bestreichen und Zwiebeln, Salami, Oliven und Parmesankäse darauf legen. 30 Min backen. Schicht vom Backblech nehmen, und in Vierecke schneiden. Sofort servieren.

Hinweis: Obwohl diese pizzaartige Schnitte am besten heiß gegessen wird, kann der Rest in Folie aufbewahrt und eingefroren werden. Zum Gebrauch den Backofen aufs neue auf 180 °C vorheizen und 10–15 Min. backen.

Die perfekte Waffel (oben) und Herzhafte Schnitte.

Bedeckte Pizza

Vorbereitungszeit:
30 Min.
Gesamtkochzeit:
30 Min.
Für 4 Personen

420 g Mehl
1 verquirltes Ei
1/8 l Buttermilch
125 g Butter, geschmolzen
125 ml Tomatensauce aus dem Glas
100 g Salami in Scheiben
100 g Champignons, geschnitten
6 EL geschnittene, eingemachte Artischocken
3 EL frische Basilikumblätter
3 Bocconcini, geschnitten
30 g geriebener Parmesankäse
Milch für die Glasur
1 1/2 EL Maismehl (feine Polenta)

1. Backofen auf 210 °C (190 °C Gas) vorheizen. Zwei Backbleche leicht mit Öl oder Butter einfetten. Mehl in große Schüssel sieben, das verquirlte Ei, Buttermilch und Butter hinzugeben, zu einem weichen Teig mischen. Auf mehlbestäubte Fläche legen und in 1 Min. glattkneten.
2. Mischung halbieren und von jeder Hälfte eine 30 cm große Scheibe formen.
3. Sauce, Salami, Pilze, Artischocken, Basilikum, Bocconcini und Parmesankäse auf die Hälften beider Teige geben. Einen Rand von 2 cm lassen.
4. Rand jeden Teiges mit Milch bestreichen. Teig über der Mischung zusammenfalten, die Ränder zusammendrücken und einen Mäuserand in den Rand drücken. Teig oben mit Milch bestreichen, mit Maismehl bestreuen. Auf die Backbleche legen, in 30 Min. goldbraun backen.

Hinweis: Diese bedeckten Pizzas (auch Calzone genannt) können 1 Std. im voraus zubereitet werden; backen Sie sie erst kurz vor dem Servieren.

Tip:
Bocconcini sind frische kleine Mozzarellakäse, die Sie verpackt im Supermarkt finden oder lose in Delikatessengeschäften. Mit Wasser bedeckt halten sie sich einige Tage im Kühlschrank. Das Wasser täglich erneuern.

Bedeckte Pizza.

Zu dem Mehl Ei, Buttermilch und Butter geben, zu weichem Teig vermengen.

Den Teig teilen und in 2 Scheiben von 30 cm ausrollen.

Sauce, Salami, Pilze, Artischocken, Basilikum und Käse auf die Scheiben verteilen.

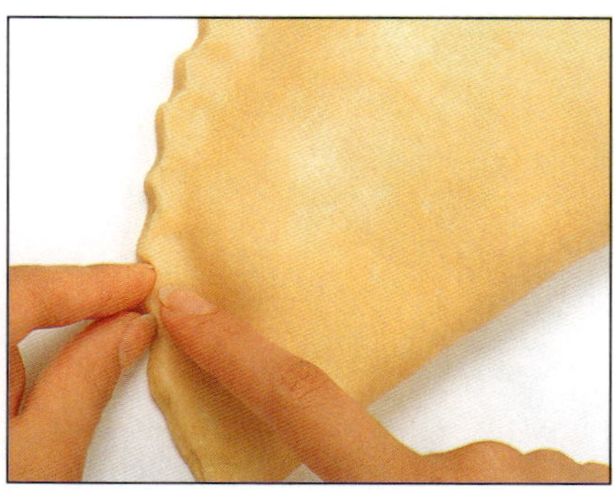

Die Ränder zusammendrücken und einen gezackten Rand formen.

Vegetarische Minipizzas

Vorbereitungszeit:
20 Min.
Gesamtkochzeit:
20 Min.
Für 4 Personen

1 EL Öl
1 kleine grüne Paprika, in kurzen dünnen Streifen
150 g Pilze, in dünnen Scheiben
1 mittelgroße Zucchini, in dünnen Scheiben
4 Minipizzaböden
160 ml gekaufte Napolitana-Nudelsauce
410 g Artischocken aus der Dose, abgetropft und geviertelt
130 g Maiskörner, abgetropft
1 Tasse geriebener Mozzarellakäse

1. Den Backofen auf 210 °C (190 °C Gas) vorheizen. Zwei Backbleche leicht einfetten. Öl in Pfanne erhitzen und Paprika, Pilze und Zucchini bei mittlerer Hitze 3 Min. braten, bis sie weich sind. Erkalten lassen.
2. Minipizzaböden mit Tomatensauce bestreichen. Mit gekochtem Gemüse, Artischocken und Mais bedecken. Mit geriebenem Mozzarella bestreuen.
3. Auf das Backblech legen und 15–20 Min. backen, bis der Käse geschmolzen und der Boden knusprig ist. Sofort servieren.

Hinweis: Pita oder Libanonbrot ergeben auch ausgezeichnete Pizzaböden.

Wurstrollen

Vorbereitungszeit:
20 Min.
Gesamtkochzeit:
25 Min.
Für 4 Personen

150 g Wursthackfleisch
1 kleine Zwiebel, gerieben
1 EL Grillsauce
2 EL Brotkrumen
1 Scheibe Fertig-Blätterteig
1 Ei, verquirlt

1. Backofen auf 180 °C vorheizen. Ein Backblech mit Aluminiumfolie ausschlagen. Die Folie mit Öl bestreichen.
2. Wursthackfleisch, Zwiebel, Grillsauce und Brotkrumen in Schale geben und gut mit den Händen vermischen.
3. Die Teigscheibe der Länge nach durchschneiden. Die Fleischmischung in 2 gleiche Portionen teilen. Auf jede Teigscheibe der Länge nach das Fleisch geben. Aufrollen und die Ränder mit Ei versiegeln.
4. Jede Rolle mit der Nahtseite nach unten in zwei 12 cm lange Rollen durchschneiden. Auf das Backblech legen und in 25 Min. knusprig und goldbraun backen. Mit Tomatensauce servieren.

Hinweis: Dieses Rezept gilt für große Wurstrollen. Für eine Party können sie gedrittelt werden. Richten Sie sie auf einer Platte an, in der Mitte eine Schale mit Tomatensauce. Oder versuchen Sie eine süße Chilisauce aus der Flasche.

Vegetarische Minipizzas (oben) und Wurstrollen.

Register